Los dones

Primera edición: marzo de 2025
Segunda edición: noviembre de 2025

info@preguntaediciones.com
www.preguntaediciones.com

ISBN: 978-84-19766-67-0
Depósito legal: Z-345-2025

Printed in Spain. Impreso en España por Estilo Estugraf Impresores

Begoña Abad

Los dones

Ilustraciones de Raquel Marín

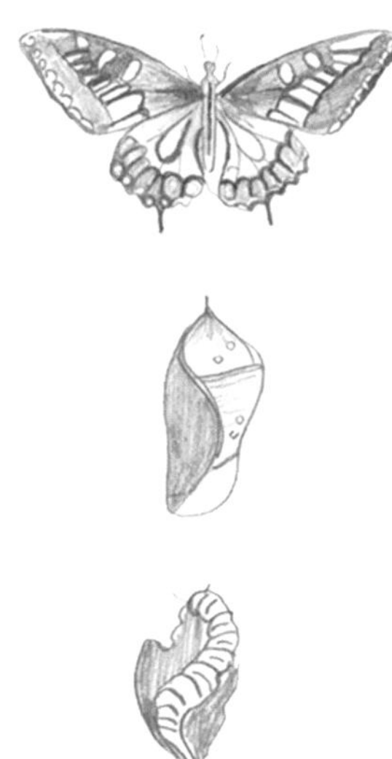

PREGUNTA

El don de las manos,
con las que me convierto en quiromante
cuando te acercas con las tuyas abiertas
y, sin mediar palabra,
comprendo que son el territorio por explorar
camino del paraíso.

El don de la rabia,
que me permitía escupir al otro
como si fuera culpable de mi ceguera,
hasta que alguien me quitó
con su saliva el barro de los ojos
y comprendí.

El don de la precipitación,
que me arrastró tantas veces
y me avergonzó tantas otras,
hasta que dejé que los niños se acercaran a mí
y me miré con sus ojos
que abren primero el corazón,
eso que la razón, asustada,
a veces no comprende.

El don del amor,
por él quise mucho y quise bien, eso pensaba.
Sólo tiempo después
supe ver más allá y comprendí
que siempre había espera en ese querer.
Cuando me vacié de la espera
empecé a saborear el Amor
a manos llenas, sin embargo.

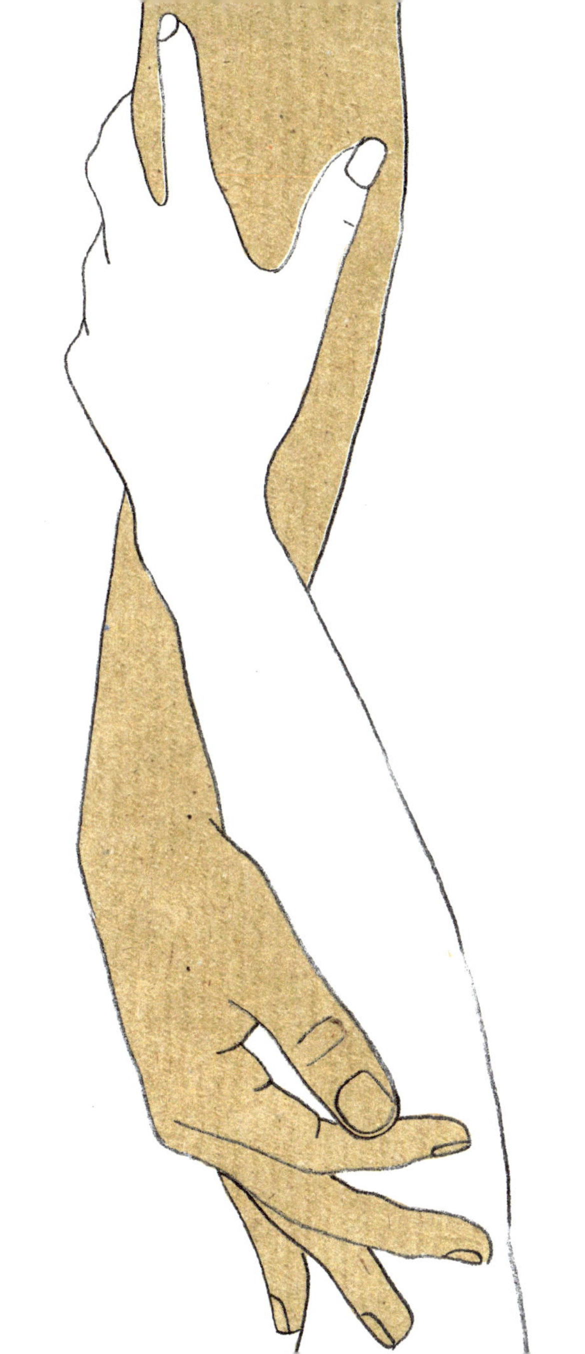

El don de la insignificancia,
de la que quise salir llenándome de adornos,
de cosas que me señalaran, me titularan, me
validaran
como merecedora de ser tenida en cuenta
por los tasadores de mercancía a la venta
en los atrios y en las plazas de poder,
hasta que comprendí que ya llevaba conmigo
el aval
y me puse en la fila de los humanos
que intentan ser merecedores de ese nombre.

El don del placer,
que siempre andaba rodeado
de nieblas que lo disimularan
y que tantas veces disfruté teñido de culpa,
hasta que comprendí que me llevaba
a tu mirada limpia,
llena de comprensión y de belleza.
Hasta que mi piel se convirtió en la piel del
otro,
la caricia en caricia universal
y la lágrima me redimió
de todos los castigos anunciados.

El don del miedo,
que me ataba las manos y los pies,
que me encogía tanto que me convirtió
en un doloroso ovillo,
hasta que conseguí encontrar en su interior
el tesoro que abre todas las puertas,
aprendí a abrazarlo TODO
y me hice así ilimitada con él.

El don de la vanidad,
que me ató a la búsqueda de la eterna juventud,
hasta que se rompió el espejo de la madrastra
y comprendí que nunca sería más bella
que el día que tú me miraste entre lágrimas
y me diste las gracias por haberte acariciado
el cuerpo apagado ya y herido de muerte.

El don de la ternura,
que fue llegando frágil en cada pliegue de la vida
y que hay que alimentar como un pájaro
levísimo
en mitad del cemento gris,
arropándolo en el pecho para darle calor
en mitad de una intemperie colosal
donde los hombres ya no se miran a los ojos.

El don de la paciencia,
que mi madre me enseñó
y que llegó por fin cuando aprendí
a observar una gota de agua en el suelo.
«Cuando se haya secado yo habré vuelto
a casa», me había dicho al dejarme sola.

El don de la compasión,
que asoma primero con engaño infantil,
y recién nacido se alza ignorante
en un peldaño superior a los otros,
hasta que comprende que no hay compasión
auténtica si no comienza por uno mismo
y desde ahí alarga su sombra a lo que le rodea
y aún más allá.

El don del agradecimiento,
que se pega a las alas misteriosamente
cuando has llegado a batirlas con tanta fuerza
como para perder de vista pasado y futuro
y como un mantra repites GRACIAS
para explicar lo sucedido en ese vuelo.

El don de la lentitud,
que se acerca con los años
y trae de la mano la comprensión
de que la Vida no tiene prisa,
que permanecerá inalterable, eterna
pase lo que pase,
y que Vida es lo que somos.

El don del abandono,
ese confiarse placentero,
ese humildísimo dejarse hacer,
ese aceptar liberador
que los ciegos ven como rendición.

El don de la ignorancia,
que me fue dado
y que cuanto más aprendo más crece
y me sujeta para no permitir que me pierda
en los pasillos llenos de engañosas luces
sostenidas por manos frágiles
en las que sólo saben cosas de este mundo.

El don del olvido,
única manera de venganza y de perdón,
que nos atrapa con su garra
y nos sienta en la incertidumbre
del olvido siguiente,
sin saber si seremos los que olvidamos
o los olvidados.

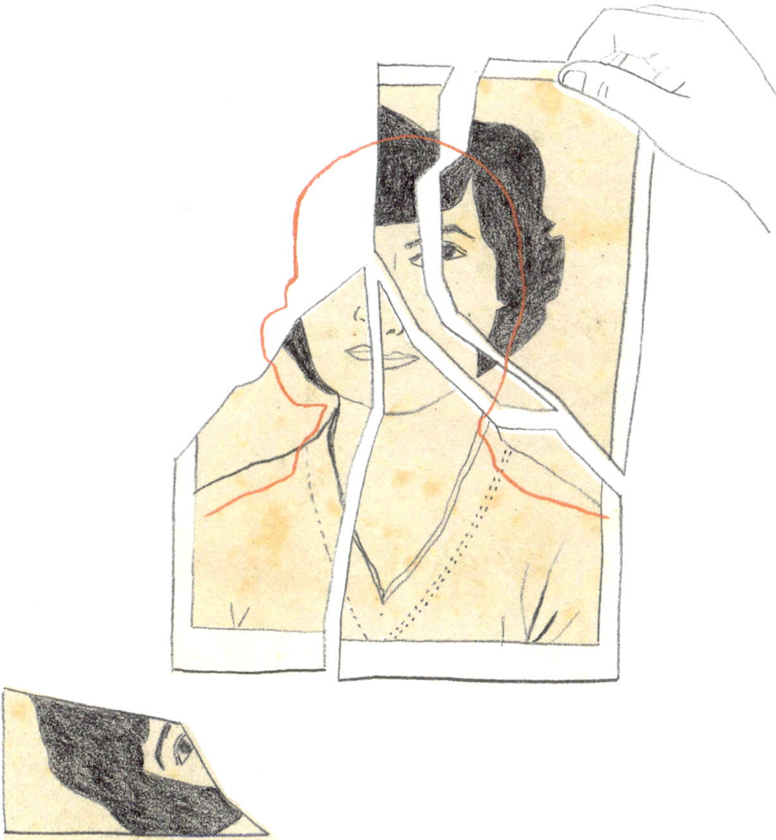

El don de la alegría,
que me sale al paso cada amanecer
porque me es regalado un nuevo día
para afinarme como instrumento
que interprete tu música
sin haber aprendido jamás a solfear.
¡Mira si no es maravilla!

El don de la divinidad,
que me habita como te habita a ti;
da igual en qué forma te disfraces,
te hará valioso y sólo te pedirá
que te vivas como tal y que recuerdes
que el otro forma parte del mismo prodigio
que nos es dado al nacer.

El don de la pasión,
que divide la vida en dos:
estar entre tus brazos o salir de ellos.

El don de la inocencia,
que transparente y libre
sale desnuda de artificios
a los pies de los caballos, sin temblar,
para que los ojos turbios
tengan ocasión de ser sanados.

El don de la confianza,
que llegó para quedarse
como un regalo que nunca había pedido,
quizás justo por eso.
Jugamos como niños,
ella sin esconderse, yo sin buscarla,
y así ganamos siempre.

El don de la soledad,
que teje un capullo sedoso y te lo ofrece,
que deja pasar una levísima luz
como cuando el vientre materno te albergaba
y de pronto sabes que es ese el lugar al que
volver.

El don del asombro,
que me abrió la puerta
y que llenó mis ojos para siempre.
Recordé a Galeano escribiendo
aquel hermoso cuento del padre que lleva
a su hijo a ver el mar por primera vez
y al niño diciéndole, al contemplar
tanta belleza, «¡Ayúdame a mirar!».
Llena de asombro estoy,
hecha niña que pide ayuda
para comprender todo lo recibido.

El don de la desobediencia,
que llamó tan pronto a mi puerta
cuando todo era oscuridad y miedo,
cuando sólo buscaba comprender sin juzgar,
cuando ofrecía inocente mi tímida luz
y pretendían apagarla
para convencerme de que era por mi bien,
cuando me condenaron
a la bendita y libre soledad de los alados.

El don de la poesía,
que existirá más allá de los poetas,
que se deja atrapar cuando ella quiere,
que germina en soledad,
que me permite ser sin disfrazarme;
ese don que se parece tanto a lo esencial.

El don de la pobreza,
en el que me crie ignorante de mi escasez
y que me hizo tan rica en inocencia,
en alegría y en esperanza.

El don de la humildad,
que comienza al abrir los ojos cada mañana
y percibir que hemos respirado durante el sueño
mantenidos así por la Vida como niños a su cuidado.

El don de la debilidad,
que me puso a prueba y me enseñó
mi verdadera fuerza interior.

El don de la contradicción,
que me acompaña mientras crezco
y que me hace tan vulnerable, tan humilde
y a la vez tan capaz de comprender
las contradicciones de los otros
y la grandeza de ambas cosas.

El don de la pereza,
cuando el tiempo se detiene,
cuando al beso le sigue la caricia
y la caricia abre el momento
como una sandía fresca
en mitad de un desierto.

El don de lo sencillo
cocina lo que comerá el hombre sencillo
y la Vida acepta, como si fuera una meditación,
cada paso del proceso.
Como el hombre se acercó primero al huerto,
aceptó respetuoso lo que la tierra quiso regalarle
y lo bendijo como vio hacer a sus antepasados,
sencillamente.

El don del entusiasmo,
que me expone a la crítica feroz,
a la envidia cicatera
y a mi propia insignificancia,
pero me recuerda constantemente
que nada es mío y que todo es un don.

El don de la contemplación
que me llena los ojos cerrados
de un vacío repleto de belleza
cuando inhalo y exhalo lo que soy
y me permite detenerme
a no hacer nada
en este mundo en el que
mirar alrededor y asombrarse
no es cosa de provecho.

El don de la envidia,
como aguijón envenenado
que hay que reconocer, con amorosa mirada,
para descubrir agazapados
el miedo a nuestra insignificancia,
a nuestra necesidad insaciable
de consuelo y de amor
y a esa finitud que nos atenaza
y nos llena de ansiedad por conseguirlo.

El don del anhelo,
que me vacía haciéndome ilimitada,
para el que no hay palabras posibles
y que anula todo deseo.

El don del abandono.
La suma de tantos abandonos
me enseñó que solamente yo
podía abandonarme a mí misma
y decidí hacerlo en la certeza
de ser siempre sostenida por ti.

El don del silencio,
que todo lo explica.

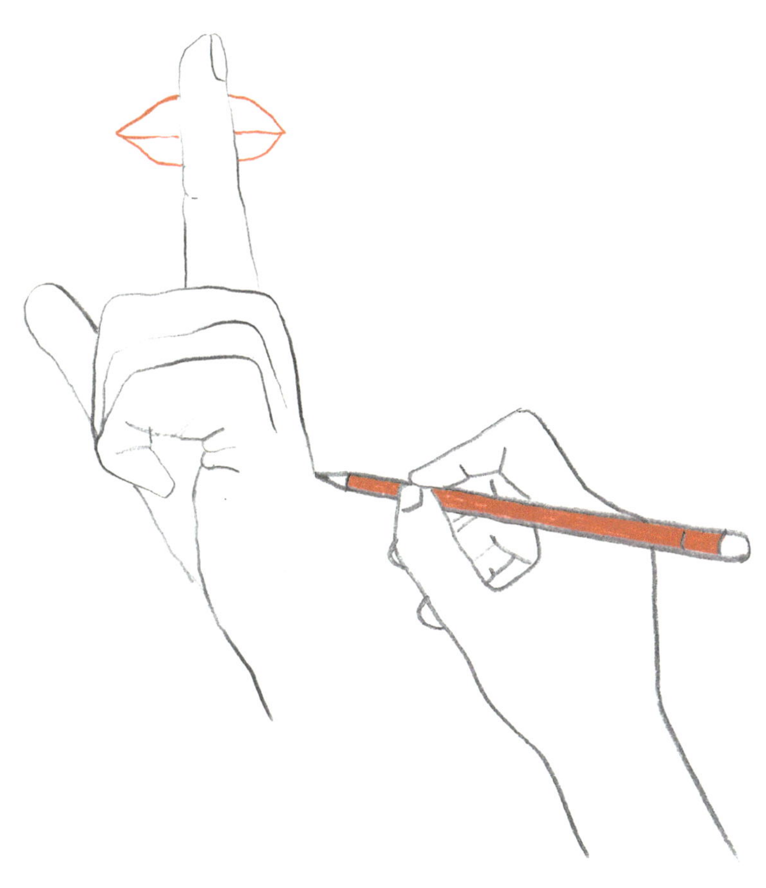

Índice

La primera edición de este libro
se terminó de imprimir
el 21 de marzo de 2025,
Día Mundial de la Poesía.

Títulos publicados

PREGUNTA
ediciones

Relatos

Las pérdidas rojas. Chusa Garcés
Cuentos detrás de la puerta. Begoña Abad
Amor, blanco roto. Chusa Garcés
Letras de tinta. Lourdes Aso Torralba
Baños de Panticosa. Premios Literarios. Varios autores
Sobreexposición. Laura Bordonaba Plou
Desde el otro lado. Prosas concisas. Fernando Aínsa
Buscando los orígenes de aquello. Irene Achón, María Jesús Artigas, Alberto Delmalo, Ana García, Coral González, Anabel Hernández, Aitana Muñoz, María José Pardo, Eva Pardos, Elisa Pérez, Manuel Pinos, Pilar Royo
Brioleta. Encuentro de escritoras aragonesas. Lourdes Aso Torralba, María Pilar Benítez Marco, Elena Gusano Galindo, Chusa Garcés, Blanca Langa Hernández, Angélica Morales, Marta Navarro, Almudena Vidorreta
Los soñadores. Roberto Malo
Bilbilitanos en la historia. Ricardo Ramos Rodríguez
El dolor del cristal. Sergio Royo
Polar. Laura Bordonaba Plou
La prueba final y otras historias cortas. Ganadores del Certamen de Cuentos y Relatos Breves Junto al Fogaril
Viviendo en tiempo brutal. Sergio Royo
Contemplación. Franz Kafka
Zaragoza turbia. José María Tamparillas
Sabor metálico. Eva Pardos Viartola
Cuentos esféricos. Chema González
Canciones tristes que te alegran el día. Miguel Mena
Todo es agua. Begoña Fidalgo
Mar de lejos. Manuel Pinos
Y de repente esta lluvia. Sergio Royo
De bares y mujeres. Marta Armingol, Olga Asensio, Laura Bordonaba Plou, Clara Castán Ibarz, Begoña Fidalgo, Paula Figols, Chusa Garcés, Magdalena Lasala, Elvira Lozano, Rosa Martínez, Angélica Morales, Eva Pardos Viartola, Clara S. Mendívil, Laura Serrano
Diáspora. Isabel Gutiérrez Cía
Relatos de La Flama. María Jesús Artigas, Emilia Bayod, Marta Gascón, Clara Járboles, Merche Llop Alfonso, Abraham José Mendoza Diloy, Eva Pardos Viartola, Alfredo Pérez, Elisa Pérez Ibarra, Manuel Pinos, María José Sanjuán, Wenceslao Varona López, Gloria Verdoy
Un martes cualquiera. Laura Latorre Molins
Con voz y voto. Pioneras americanas del relato social y la ciencia ficción y tres piezas del teatro sufragista británico. Edición de Isabel Alquézar y Berta Lázaro
Todos los crímenes del mundo. Sergio Royo
Un punto de destello. Pecker
Todos·los·santos. Jorge Martínez
Periferias del deseo. Antón Castro
Vida. Ramón Acín

Novela

El último concierto de David Salas. Roberto Malo
Crónica de un deseo. Antonio Ventura
Verde mar del norte. Clara Castán Ibarz
La brújula del universo. Mario de los Santos
El eco entre la bruma. Ricardo Ramos Rodríguez
Las sombras del Imperio. Ricardo Ramos Rodríguez
La movida que te salvó. Mariano Pinós

Merecer la vida. Laura Serrano
Cariñena. Antón Castro
Los días blancos. Marta Armingol
Declive. Fernando Rivarés
Canciones ligeras. Miguel Mena
Hannibaal. Miguel Carcasona
Inventario de monos. Galgo Cabanas (Mario de los Santos y Óscar Sipán)
De viento y sal. Clara S. Mendívil
Jimena. Magdalena Lasala
Catorce. Paula Figols
El silencio y su canción. Ángel Gracia
Marta. Víctor Juan
La nota muerta. Rosa Martínez
Para cenar, aire. Pedro Bosqued
Las batallas perdidas. Jaime Tomás
La fugitiva. Clara Járboles
Alcohol de quemar. Miguel Mena
La casa de los dioses de alabastro. Magdalena Lasala
Tristán. La ética del monstruo. Javier Romero Collazos
Puente de Hierro. Miguel Mena
Máscara. Ricardo Ramos Rodríguez
Leopardos en el diván. Gonzalo Fontana Elboj
Lucífugo. José María Tamparillas
Bendita calamidad. Miguel Mena
La estirpe de la mariposa. Magdalena Lasala
El colapso de la colmena. Julia Jiménez Carrera
Los Hijos de Hura. Abdelrahim Kamal
Dinero caído del cielo. Reyes Salvador
No podría estar más contenta. Marisol Aznar y María Frisa
Leitmotiv. Sergio Sarsa
Profanación. Ramón Acín
Onda Media. Miguel Mena
Proyecto Sada. Javier Gastón
La vista atrás. Laura Serrano
Pájaros azules en Roma. Miguel Ángel Nievas
Alerta Bécquer. Miguel Mena
Taquicardia. Teresa Álvarez
Moncayo estrés. Miguel Mena
Eva, la bibliotecaria. Ignacio Sanz
Las lechuzas no son lo que parecen. Noemi Risco Mateo
Los ojos tras la montaña. Pablo Fantova Ullod
La última heredera. Magdalena Lasala
Evelyn y Lizzy. Un homenaje a Jane Austen. Eva Morera
El amor y la muerte. La tragedia de Eloísa y Abelardo. José Luis Corral
Moracanta. Julia Jiménez Carrera
Reyes de Aragón. La novela. Santiago Morata
La melancolía de la nieve. Manuel Castelló
La mujer de Marcos. Sol Otto

Poesía
Litiasis. Manuel M. Forega
Todas las religiones son una / No hay religión natural. William Blake
Estoy poeta (o diferentes maneras de estar sobre la Tierra). Begoña Abad
AntiaéreA. Encuentro poético en Zaragoza. Carmen Camacho, Alicia García Núñez, Marta Navarro, Chus Pato, Inés Povar, Miriam Reyes, Sandra Santana, Hermanas del Hambre (Elisa Berna y Charo de la Varga)
Todo estalla dicho. Elvira Lozano
La experiencia de la poesía. Ángel Guinda

AntiaéreA II. Poesía encontrada en Zaragoza. Ajo, Eva Antón Bravo, Zhivka Baltadzhieva, Isabel Bono, Javier Corcobado, Cristina Járboles, Laia López Manrique, David Mayor, Carmen Ruiz Fleta
Diez años de sol y edad. Antología 2006-2016. Begoña Abad
Alud. Javier Fajarnés Durán
Los países de piedra. Pablo Javier Pérez López
Existe algún lugar en donde nadie. Juan Pablo Roa
Te mataré mientras vivas (Coronación supersónica). Raúl Herrero
La ciudad y el cuchillo. Javier Fajarnés Durán
Vidrieras. Laurent Tailhade
El tiempo de las alambradas. Antología poética. Antonio Orihuela
Esta vida verde. Antología poética. Lyn Coffin
Las palabras son nocivas. Antología poética. Amador Palacios
Las locuras ya no son locuras. Antología poética. Ferruccio Brugnaro
El techo de los árboles. Begoña Abad
Satirologio. Epigramas del siglo XXI. José Verón Gormaz
Caballo de mina. Gerardo Vacana
Big Bang. José Luis Esteban
Los signos en el agua. Noventa y nueve poemas. Joaquín Sánchez Vallés
Avanza el olvido. Javier Ramón Jarne
Fábrica de la seda. Miguel Ángel Curiel
Casa junto al arrecife. Enrique Ariño Gil
Trivium. Marcos Castillo Monsegur
El lenguaje de las ballenas. Begoña Abad
El libro de horas. Rainer Maria Rilke
Gran Guiñol. Miguel Ángel Ortiz Albero
Cantares y presagios. José Verón Gormaz
Marcha por el desierto. Sandra Santana
Una guitarra de contrabando. Gerardo Vacana
Diccionario de garzas y de mirlos. Pablo Javier Pérez López
Piedra y tijeras. Nacho Tajahuerce
#MedeaHaVuelto. Angélica Morales
Madres. Begoña Abad
Todas las moradas de mi aliento. Jacques Meylan
Razón de espera. Rafael Lobarte Fontecha
Poesía. Guido Cavalcanti
Tránsito. María Pilar Martínez Barca
Viejo. Sergio Gómez
Barro. Miguel Ángel Curiel
Historia del mundo antiguo. Joaquín Sánchez Vallés
Este día, este momento. Juan Pablo Roa
El miedo del doble a la soledad. Rosa Martínez
Un vuelo sin la mecánica adecuada. Pecker
Brioleta volumen 2. Poesía aragonesa en femenino. Carmen Aliaga, María Pilar Benítez Marco, Mar Blanco, Marta Domínguez Alonso, María Dubón, Ana Giménez Betrán, Reyes Guillén, Blanca Langa Hernández, Angélica Morales, Trinidad Ruiz Marcellán, Helena Santolaya y Carlota Urgel
Entre el huerto y el corral y otros versos. Gerardo Vacana
Cantar cuarenta. Cancionero completo 1983-2023. Gabriel Sopeña
Sálvida. Sofía Díaz Gotor
La fuerza de la tierra. Paula Martínez
Ahab. Antología poética. Carlos Ramos
Enseres del invierno. Miguel Carcasona
A la izquierda del padre. Begoña Abad
La muerte se llama Juan. Joaquín Sánchez Vallés
Y ¡PUM! Un tiro al pajarito. Sandra Santana
La vida de María. Rainer Maria Rilke
Lamia, Isabella, La víspera de Santa Inés y otros poemas. John Keats

Un fuerte abrazo. Homenaje al poeta David González. Patxi Irurzun y Nacho Tajahuerce (coords.)
Los puntos cardinales. Rafael Lobarte Fontecha
Llaves para una revolución. Begoña Abad
Unheimlich. pierre d. la
Los dones. Begoña Abad y Raquel Marín
Luciérnagas. Marcos Castillo Monsegur
Astrocanto. Sofía Díaz Gotor
Todavía respiro. María Álvarez

Libro ilustrado
El dibujante de relatos. Antón Castro y Juan Tudela
La península de Cilemaga. Helena Santolaya
Marcianos. Sergio Algora y Óscar Sanmartín
La odisea de Fortunato. Pere Inglés y David Girón
Las aventuras de Juan Lázaro. Rafael Yuste Oliete y Pedro Ricardo Polo Cutando

No ficción
Reconstrucción. Miguel Ángel Ortiz Albero
Sahara Occidental. Cuarenta años construyendo resistencia. Varios autores
Residencia y tránsito de las letras en Aragón. Fernando Aínsa
Diario de campo de un psicólogo en un club de fútbol. Luis Cantarero
Marcelino. Muerte y vida de un payaso. Víctor Casanova Abós
Aragón en el sistema solar. Carlos Garcés Manau
Los poetas malditos. Paul Verlaine
Poetas y poéticas. Ensayos. Amador Palacios
Del espejismo de la revolución a la venganza de la victoria. Guerra y posguerra en Barbastro y el Somontano (1936-1945). José María Azpíroz Pascual
Nerín. Memorias compartidas. Varios autores. Edición de Rafael Latre
Sahara Occidental. Del abandono colonial a la construcción de un estado. Varios autores
El hombre elefante. Frederick Treves
Pasaron por aquí. Antón Castro
Nacer para aprender, volar para vivir. Un acercamiento a la poesía de Begoña Abad. José María García Linares
¡Cállate, papá! Padres y violencias en el fútbol industrial. Luis Cantarero
Metodologías activas en el aula. Varios autores
Gamificación educativa. Varios autores
El viaje exterior. Ensayos censores IV. Manuel Martínez-Forega
Teruel. Otra dimensión. Juan Villalba Sebastián
Opiniones de mujeres. María Domínguez
La guerra de los robots. Cómo la tecnología está cambiando los conflictos armados. Francisco Rubio Damián
La escritura por venir. Ensayos sobre arte y literatura en los siglos XX y XXI. Sandra Santana
La vida al alcance de la mano. La discapacidad a través de mi historia. Álex Sánchez
El viaje exterior. Ensayos censores V. Manuel Martínez-Forega
El camino de la serpiente. Escritos ocultistas. Fernando Pessoa
La jota, aragonesa y cosmopolita. De San Petersburgo a Nueva York. Marta Vela
El bazar infinito. Rutas y mares entre Oriente y Occidente. Alberto Cebrián
Ríos que mueren sin mar. Viaje por las culturas de Asia central. Enrique Ariño Gil
Humanizar el fútbol. Deporte y transformación social. Julio Salinas y Luis Cantarero (coords.)
Tú eres antes que todo. Correspondencia de Ramón Acín y Conchita Monrás. Víctor Juan
Adolescentes del siglo XXI. Técnicas de liderazgo parental. Marisa Felipe
Aurora y la celiaquía. Laura Marín
Zaragoza. Historias de ida y vuelta. Miguel Mena
Aragón. Formas de ser. Miguel Mena
Viaje al mar. Diario de un nabatero. Kike Fernández
Un violinista en el Titanic. Tribulaciones de un heterodoxo. Ángel Garcés Sanagustín
Diario del último año. Florbela Espanca
Juan de Velasco, primer maestre de campo de la Ciudadela de Jaca. Marcos Mayorga
Creatividad de andar por clase. Asunción Porta
Albarracín. Un viaje en el tiempo. Juan Villalba Sebastián
Diálogos en cautividad. Antón Castro

Deambulatorio. Miguel Ángel Ortiz Albero
Mauricio Aznar y Almagato. La historia. Jaime González
Máquinas que cuentan historias. La inteligencia artificial y la literatura del futuro. Varios autores
Cincuenta estaciones europeas. Catedrales de la modernidad. Alfonso Marco
La jota, aragonesa y liberal. Zaragoza, Madrid y París. Marta Vela
Sexo, amor y revolución. Hildegart Rodríguez
En torno a Paris, Texas *de Wim Wenders*. Varios autores
Futbología. La cultura del fútbol industrial. Luis Cantarero
Eugenesia y natalidad. Hildegart Rodríguez
Verissimum mendacium. Manuel Martínez-Forega
José Antonio Labordeta, diputado del pueblo. Conrad Blásquiz Herrero
Queremos tanto a Laura. Varios autores
Visor. Escritos de arte y cultura. Chus Tudelilla
Venancio Sarría Simón. Referente del republicanismo zaragozano (1900-1936). José María Azpíroz Pascual

Infantil

La Dama, el Duende y el Rey. Tres leyendas aragonesas. Roberto Malo, José María Tamparillas, Daniel Tejero y David Guirao
Moflete, el elegante. Agustín Porras y Arturo García Blanco
La ardilla poeta y el futuro del planeta. Pilimar Aguilar y Xcar Malavida
Moflete ya sabe contar. Agustín Porras y Arturo García Blanco
Agentes del futuro. María Frisa y Xcar Malavida
Minicó dice no. Nerea Mur
El príncipe que cruzó allende los mares. Roberto Malo, Francisco Javier Mateos y David Guirao
De tu abrazo a las estrellas. Victoria Alcalde y Ruth Alarcón
Mocoloco y Flemalarga. Nines Barcelona y Nerea Mur
San Jorge y el dragón. Daniel Nesquens y David Guirao
Antes de las nueve. Pablo Ferrer, Paula Figols, Marina Santos, Christian Peribáñez y Zaira Andrés
Erny, el monstruo de la Laguna Negra. María Álvarez e Irene Campos
Lex, el Tiranosaurio Rex. Roberto Malo, Daniel Tejero y Blanca Bk
La ardilla poeta y su libro de recetas. Pilimar Aguilar y Xcar Malavida
Un viernes soleado. Pepe Serrano y Raquel Samitier
Mika, el niño fantasma. Daniel Tejero y Bernal
La ardilla poeta y su pandilla secreta. Pilimar Aguilar y Xcar Malavida
Mi hermano es un pez. Roberto Malo, Daniel Tejero y Sofía Balzola
Ocho amigos escondidos. Alicia Juárez Sallén y Marta Gracia Carmona